BEI GRIN MACHT SICH IHR WISSEN BEZAHLT

- Wir veröffentlichen Ihre Hausarbeit, Bachelor- und Masterarbeit

- Ihr eigenes eBook und Buch - weltweit in allen wichtigen Shops

- Verdienen Sie an jedem Verkauf

Jetzt bei www.GRIN.com hochladen und kostenlos publizieren

GRIN ☺

Bibliografische Information der Deutschen Nationalbibliothek:

Die Deutsche Bibliothek verzeichnet diese Publikation in der Deutschen National-bibliografie; detaillierte bibliografische Daten sind im Internet über http://dnb.d-nb.de/ abrufbar.

Impressum:

Copyright © 2015 GRIN Verlag
Druck und Bindung: Books on Demand GmbH, Norderstedt Germany
ISBN: 9783668642126

Dieses Buch bei GRIN:

https://www.grin.com/document/412108

Lisa Maria Koßmann

Götter, Menschen und Feuer. Anthropologische und theologische Implikationen des prometheischen Feuerraubs

GRIN Verlag

GRIN - Your knowledge has value

Der GRIN Verlag publiziert seit 1998 wissenschaftliche Arbeiten von Studenten, Hochschullehrern und anderen Akademikern als eBook und gedrucktes Buch. Die Verlagswebsite www.grin.com ist die ideale Plattform zur Veröffentlichung von Hausarbeiten, Abschlussarbeiten, wissenschaftlichen Aufsätzen, Dissertationen und Fachbüchern.

Besuchen Sie uns im Internet:

http://www.grin.com/

http://www.facebook.com/grincom

http://www.twitter.com/grin_com

Universität Heidelberg   Wintersemester 2014/15
Seminar für klassische Philologie

Literaturwissenschaftliches Hauptseminar:
Prometheus. Antiker Mythos und moderne Theorie

Götter – Feuer – Menschen

Anthropologische und theologische Implikationen des prometheischen Feuerraubs

Eingereicht von:
Lisa Maria Koßmann

Studiengang: Bachelor Germanistik (1. HF) und Latein (2. HF), 6. FS
Abgabe: 30.03.2015

Inhaltsverzeichnis

1. Einleitung

„Zu den Grunderfahrungen des Menschen, noch des gegenwärtigen, gehört die Flüchtigkeit der Flamme, des Feuers, auch in der Metapher dessen, was so leicht erlischt wie das Leben."[1] Feuer ist für den Menschen zentral. Zwar gehören die Zeiten von Brandopfer und Vier-Elementelehre inzwischen der Vergangenheit an, dies ändert jedoch nichts daran, dass die Entwicklung hin zur modernen Zivilisation ohne die Entdeckung des Feuers schlechthin undenkbar ist. Brandrodung oder Gasheizung, Schwerter schmieden oder Pizza backen – zahlreiche Kulturtechniken bauen auf den Einsatz von Feuer, damals wie heute.

Kein Wunder, dass der Übergang vom „zufälligen Feuererwerb zum ständigen Feuerbesitz",[2] den Blumenberg als „Schwelle" bezeichnet, beliebter Gegenstand mythologischer Dichtung ist. Feuer wird seit jeher als etwas verstanden, dass erworben werden muss und, anders als Erde, Wasser oder Luft, nicht ohne Zutun verfügbar ist. Damit nimmt es unter den Elementen eine Sonderstellung ein[3] – hier setzt der Mythos an.

Der Prometheus-Mythos ist einer *der* antiken Mythen und auch heute noch so präsent, dass Unternehmen und Produkte rund um Feuer und Herd nach ihm benannt werden.[4] Nicht zuletzt durch seine Verknüpfung mit der Entstehung des Menschen und, wie wir sehen werden, der Frage nach der Beziehung zu den Göttern, entstanden im Laufe der Zeit zahlreiche Adaptionen und Variationen. Ihnen gemein ist der „Aufhänger" des mythischen Feuerraubs, der – auch wenn er in vielen Versionen nicht im Fokus steht und in manchen gar nicht genannt wird[5] – die Frage aufwirft, welche Bedeutung das Feuer eigentlich hat; für Menschen und Götter gleichermaßen.

Um dies zu erörtern, geht dem Analyseteil dieser Arbeit eine zusammenfassende Darstellung der kulturhistorischen Bedeutung des Feuers und dessen Präsenz in der (antiken) Welt voraus. Im Folgenden konzentriert sich das Interesse auf antike Bearbeitungen des Prometheus-Stoffes. Das Feuer spielt in verschiedenen Fassungen eine unterschiedlich große Rolle, weshalb das Augenmerk auf den ausführlicheren Schilderungen durch Aischylos, Lukian und Hesiod liegt. Diese werden in inhaltlichen Schwerpunkt-Abschnitten auf die Bedeutung des Feuers nicht nur für den Menschen, sondern auch für die Götter untersucht. Die Ergebnisse zeigen, dass das Feuermachen weit mehr ist als eine Kulturtechnik: Im Übergang des Feuers

---

[1]   Blumenberg, H.: Arbeit am Mythos, Frankfurt/M. 1986, S. 329.
[2]   Ebd. und s. *2. Vorüberlegungen.*
[3]   Vgl. Böhme, G. & Böhme, H.: Feuer, Wasser, Erde, Luft. Eine Kulturgeschichte der Elemente, München 1996, S. 57.
[4]   Vgl. Beller, M.: The Fire of Prometheus and the Theme of Progress in Goethe, Nietzsche, Kafka, and Canetti, Colloquia Germanica 17, 1984, S. 1-13, hier S. 1.
[5]   So etwa Ovids Metamorphosen.

von den Göttern auf die Menschen verbergen sich weitreichende anthropologische und theologische Implikationen. Der Feuerraub ordnet das Verhältnis von Göttern und Menschen neu und verändert ihre Kommunikation. Während der Mensch sich emanzipiert, verlieren die Götter an Macht.

2. Vorüberlegungen: Feuer als Kulturtechnik

Was ist Feuer? Die Frage erscheint zunächst banal, doch bei der Beantwortung fällt auf, dass wir im Grunde nur sagen können, was es *nicht* ist, nämlich etwas Stoffliches. Wir kommen unweigerlich auf Begriffe wie *Verbrennung* und *Erzeugung*; Vorgänge also, und nichts anderes ist das Feuer, auch wenn das Nomen uns darüber täuscht, indem es vorgibt, ein Gegenstand zu sein. Die Erkenntnis, dass es sich um einen (chemischen) Vorgang handelt, ist zentral im Hinblick auf den Prometheus-Mythos, denn wir müssen uns fragen: Was wird überhaupt gestohlen? Hierzu mehr im dritten Kapitel.

Die Erzeugung von Feuer gilt spätestens für die Altsteinzeit ab ca. 500.000 v. Chr. als historisch gesichert.[6] Die meisten menschlichen Kulturtechniken gründen auf diesem Entwicklungssprung: Für die Sesshaftwerdung des Menschen war das Konservieren von Nahrungsmitteln Voraussetzung, diese wiederum war erst mit Feuer möglich. Die Nutzung des Feuers unterscheidet uns bis heute von allen anderen Tieren.[7] Frühe Welterklärungen fußen nicht umsonst auf der Lehre von den vier Elementen Feuer, Wasser, Erde und Luft[8] und noch in der heutigen Sprache ist Feuer als Metapher und Symbol sehr präsent: *in flagranti, für etwas brennen, Feuer und Flamme sein, eine flammende Rede* … Feuer ist Teil der menschlichen Kultur und heute in industrialisierten Ländern eine Selbstverständlichkeit, in früherer Zeit jedoch konnte man durchaus in die Lage kommen, das Feuer „zu verlieren" – bei Cicero und anderen finden wir Belege, dass es in solchen Fällen nach römischer Gesetzgebung geboten war, dem Nachbarn vom eigenen Feuer „abzugeben".[9] Feuer war (außer für Exilanten)[10] Grundrecht, das zeigt deutlich dessen Stellenwert innerhalb der Gesellschaft. Zumindest vor der Verbreitung der Zentralheizung war das Feuer zudem schon aus

---

[6] Vgl. Burenhult, G.: Menschen der Urzeit. Die Frühgeschichte der Menschheit von den Anfängen bis zur Bronzezeit, Köln 2004, S. 18. Frühere Funde sind meist umstritten.
[7] Und umgekehrt: Das göttliche Vorenthalten des Feuers im Mythos degradiert den Menschen zum Tier, vgl. Böhme & Böhme: Feuer, Wasser, Erde, Luft, S. 66.
[8] Vgl. hierzu ebd., S. 91-142.
[9] Vgl. Woelke, B.: Geschenk des Himmels – Fluch der Götter. Kleine Kulturgeschichte des Feuers und die Sammlung Jürgen & Gudrun Abeler, Solingen 1994, S. 16.
[10] Vgl. ebd. u. Lact. inst. 9,26.

4

praktischen Gründen gesellschaftsbildend, da sich um die Wärmequelle das gemeinschaftliche Leben abspielte.[11]

Weitere Sprachbeispiele zeigen aber auch, dass Feuer nicht nur gezähmtes Kulturgut ist, sondern auch unberechenbare Naturgewalt: *durchs Feuer gehen, mit dem Feuer spielen …* Vulkanausbrüche waren bereits in der Antike respekteinflößende Ereignisse,[12] und viele Jahrhunderte nach dem Brand Roms oder dem großen Brand von London 1666 ist Brandschutz in öffentlichen Gebäuden auch heute noch ein stets aktuelles Thema.[13] Sosehr das Feuer auch zur Kultur des Menschen gehört, ein gewisses Befremden bleibt doch angesichts der Gefahr, die davon ausgeht.

Doch Feuer ist mehr als Herdwärme und Vulkanausbruch, gerade in der Antike. Historisch betrachtet war es wohl ein Blitzeinschlag, der den Menschen zu ihrem ersten Feuererlebnis verhalf,[14] und dieses Bild hat sich im Mythos erhalten. Die Macht des Zeus äußert sich nicht selten im Blitzschlag,[15] und mit Hephaistos hat das (kultivierte) Feuer eine eigene Gottheit.[16] Feuer kommt von oben; ist also auch (oder, wie wir weiter unten sehen werden: vor allem) Angelegenheit der Götter. Im Äther sitzt das Licht und der Sonnenwagen wird von Helios gesteuert. Diese Tradition setzt sich auch im Christentum fort: In der Überlieferung ist der brennende Dornbusch ein göttliches Zeichen, das Fegefeuer steht symbolisch für die Gerichtsbarkeit Gottes über die Menschen.

Das Feuer ist kultur- und zivilisationsgeschichtlich betrachtet also Teil des Göttlichen (Äther, Sonnenwagen, Hephaistos), des Menschlichen (Herd, Handwerk, Licht) und des Natürlichen (Vulkane, Brände, Blitzeinschläge).[17] Seine Bedeutung oszilliert zwischen kulturellem Segen und beängstigender Naturgewalt – der richtige Stoff für den Mythos.

---

[11] Vgl. Woelke: Geschenk des Himmels, S. 16.

[12] Vgl. die Briefe von Plinius dem Jüngeren; sein Onkel wird während des Vesuv-Ausbruchs als Idealbild eines stoischen Weisen dargestellt.

[13] Ein Grund für weitere Verzögerungen beim Bau des Berliner Großflughafens BER ist mangelnder Brandschutz, vgl. http://www.sueddeutsche.de/wirtschaft/flughafen-berlin-brandenburg-wohl-nicht-ganz-dicht-1.1968145 [letzter Aufruf: 25.03.2015].

[14] Vgl. Woelke: Geschenk des Himmels, S. 11.

[15] So etwa im Semele-Mythos, vgl. Ovid, Met. III, VV. 300ff. und Böhme & Böhme: Feuer, Wasser, Erde, Luft, S. 81.

[16] Mit diesem teilt Prometheus gewissermaßen seine Rolle als kultische Bezugsperson des Feuers, vgl. Pötscher, W.: KlP 4 (1979), S. 1174-1177, s. v. Prometheus.

[17] Zur Rolle des Feuers in der stoischen Vorstellung des Weltenbrands vgl. Blumenberg: Arbeit am Mythos, S. 330.

3. Implikationen des prometheischen Feuerraubs

Der Prometheus-Mythos ist gewissermaßen der Inbegriff antiker Beschäftigung mit dem Feuer und geht weit über eine Ätiologie menschlicher Zivilisation hinaus. Die vorliegende Arbeit beschäftigt sich mit der Konzeption des Feuers in antiken Prometheus-Fassungen; spätere Adaptionen werden entsprechend nur vereinzelt zum Vergleich oder zur Unterstützung herangezogen.

Die folgenden Abschnitte behandeln jeweils schwerpunktmäßig bestimmte Aspekte des Feuers im Prometheus-Mythos und dienen der Gliederung, sie sind jedoch nicht als getrennte Analysen zu verstehen, sondern ergänzen einander. Im Fazit werden die Ergebnisse abschließend zusammengeführt.

3.1. Raub an den Göttern

Allen Versionen des Prometheus-Mythos ist gemein, dass das Feuer von den Göttern ausgeht. Bevor die Menschen in seinen Besitz gelangen, scheint das Feuer also etwas genuin Göttliches zu sein. Bei Aischylos wird das Feuer als die „Blüte" Hephaistos' bezeichnet (ἄνθος, Aischyl. Prom. V. 7). Das Attribut παντέχνου deutet ebenfalls darauf hin, dass es sich um etwas Göttliches handelt, wie auch der Äther zu Zeus gehört: ὦ δῖος αἰθὴρ (V. 88). Das Feuer von dort zu entfernen ist Frevel. Mit dem Raub des Prometheus wird den Menschen etwas zuteil, das ihnen nicht gebührt (V. 30): Sie sind das „Eintagsvolk" (ἐφήμεροι, V. 253), nur die Götter sind ewig und somit des Feuers würdig. Eine Demonstration dieser göttlichen Macht über das Feuer (oder durch das Feuer?) erfolgt später; Hephaistos kündigt an, welche Strafe Prometheus für Ungehorsam drohen wird: Der flammende Blitz des Vaters (κεραυνίᾳ φλογὶ, V. 1017) wird ihn treffen. Dies tritt tatsächlich wenig später ein und der gefesselte Prometheus versinkt effektvoll im göttlichen Gewitter (VV. 1080 – Ende). Zwar ist der Raub des Feuers nicht umkehrbar (s. u.), der Übergang an die Menschen also endgültig, doch obsiegt bei Aischylos das göttliche Feuer und Prometheus hat dieser Urmacht nichts entgegenzusetzen. Die wahre Kraft des Feuers, scheint das Ende der Tragödie uns mitzuteilen, bleibt eben doch den Göttern vorbehalten.

Auch bei Hesiod in der „Theogonie" sind die Götter Herren über das Feuer. Nach dem Opferbetrug verhindert Zeus, dass das Holz im Feuer brennt (Hes. theog. V. 563) – aus heutiger Sicht eher ein Eingriff in die Naturgesetze denn ein „Feuerdiebstahl". Ähnlich in den „Werken und Tagen": Zeus „verbirgt" (κρύψε, Hes. erg. V. 50) das Feuer vor den Menschen. Prometheus stiehlt es in beiden Versionen zurück, und Attribute wie „ewig" (ἀκαμάτοιο,

6

Theog. V. 566) zeigen, dass er sich an göttlichem Besitz vergreift. Das Feuer ist untrennbar mit dem Göttlichen verbunden.

Ganz anders nun Lukian. Zwar bezeichnet Hermes das Feuer hier ebenfalls als das τιμιώτατον aller göttlichen Güter (Lukian. Prom. 3), und Hephaistos setzt hinzu, dass seine Esse kalt geworden sei, als Prometheus das Feuer stahl (5). Dem hat Prometheus allerdings einiges entgegenzusetzen, zuvorderst die Frage, was den Göttern denn fehlen könne, da die Menschen etwas vom Feuer abbekommen haben (18): Es werde durch die Teilung ja nicht weniger (ebd.). Während bei Aischylos und anderen Feuer wie etwas Dingliches behandelt wird, hat Lukian eine differenziertere Konzeption: Feuer ist kein Gegenstand, der entweder am einen oder anderen Ort sich befinden kann, sondern ein chemischer Vorgang – was gestohlen wurde, war also entweder ein *Teil* des göttlichen Feuers[18] (ohne dass dieses dadurch vermindert würde) oder lediglich die *Technik* des Feuermachens (s. u.). Beides tut dem Feuerbesitz der Götter keinen Abbruch.

Der Prometheus des Lukian fährt in sophistisch-scharfsinniger Argumentation fort: Da das Feuer durch eine Aufteilung nicht geringer wird, müssen die Götter schlicht neidisch sein (ebd.), wenn sie den bedürftigen Menschen keinen Anteil daran gönnen – dabei sollten die Götter Freigebigkeit beweisen. Hier wird, im Stile humorvoller Religionskritik, der Spieß umgedreht: Nicht Prometheus ist es, der zu viel verlangt, wenn er das Feuer stiehlt, sondern die Götter sind es, die zu wenig abgeben wollen.

Des Weiteren stellt Prometheus infrage, wozu die Götter das Feuer überhaupt brauchen könnten (οὐδὲν γὰρ ὑμεῖς δεῖσθε αὐτοῦ, ebd.) Er zählt Verwendungsweisen des Feuers auf und zeigt: Während die Menschen sich wärmen müssen, frieren die Götter nicht (μήτε ῥιγοῦντες, ebd.), während diese ihre Nahrung kochen müssen, essen jene ihre Ambrosia roh (μήτε ἕψοντες τὴν ἀμβροσίαν, ebd.), und Licht brauchen die Götter auch nicht (μήτε φωτὸς ἐπιτεχνητοῦ δεόμενοι, ebd.). Das Feuer ist also nicht nur ein Luxusgut für sie, sondern schlechthin überflüssig.

Voller Ironie steckt das nächste Argument des Prometheus: Wie sollen die Menschen den Göttern in Form von Opfern Tribut zollen, wenn sie kein Feuer haben (19)? Den Menschen die Flamme zu verwehren steht im Konflikt mit dem Vergnügen der Götter (ἐναντιωτάτη τοίνυν ἡ μέμψις ἂν γένοιτο αὕτη τῇ ὑμετέρᾳ ἐπιθυμίᾳ, ebd.). Gegen diese gewiefte Umkehrung ist von göttlicher Seite schwerlich etwas einzuwenden.

---

[18] Das hier jedoch trotzdem wie ein „zivilisiertes" Feuer anmutet, wenn Hephaistos sich über den kalten Kamin beklagt.

Dass Feuer nicht gleich Feuer ist, klingt bei Lukian ebenfalls an: Die Sonne, spottet Prometheus, wollen die Götter den Menschen ja wohl nicht streitig machen (ebd.), dabei habe sie ein „viel göttlicheres" Feuer (πολὺ θειότερόν, ebd.) als dasjenige, das die Menschen erhalten haben. Die Sonne bleibt weiterhin Sache der Götter (ὑμῶν τὸ κτῆμα, ebd.), der Raub bezieht sich also auf das Herdfeuer. Ebenso bei Platon: Auch hier handelt es sich um die Technik des Hephaistos (Plat. Prot. 321d), also um eine eindeutige Beschränkung auf die häusliche Anwendung des Feuers in Form von Schmiedekunst und übrigem Handwerk. Anders können es auch Aischylos und Hesiod nicht gemeint haben, auch wenn diese Unterscheidung dort nicht explizit getroffen wird.

In fast allen antiken Prometheus-Fassungen ist die Übergabe des Feuers an die Menschen mit Raub an den Göttern verbunden, und selbst wenn nicht, wird das Feuer deutlich als etwas Göttliches deklariert. Dies fügt sich in den Zusammenhang der übrigen drei Elemente, die ebenfalls mit dem Göttlichen in Verbindung stehen: das Wasser etwa mit Poseidon, die Erde mit Gaia, die Luft mit Aither. Das Feuer hebt sich dennoch von den übrigen ab; es ist das Einzige, das den Menschen (wieder) von den Göttern genommen wird bzw. das sie erst erlangen müssen. Das zeichnet das Feuer als das höchste der Elemente aus.

Ob der Übergang vom Göttlichen an das Menschliche rechtens ist, stellt Horaz infrage: In Carmen 3 heißt es: *audax Iapeti genus | ignem fraude mala gentibus intulit* (VV. 27f.). Der Besitz mancher Elemente steht den Menschen nach Horaz' Auffassung nicht zu,[19] sie sind durch Frevel erlangt und bringen Schlechtes mit sich: *nova febrium* etwa (V. 30). Ähnlich wie bei Hesiod läutet der Feuerbesitz durch den Menschen den Beginn einer Veränderung zum Negativen ein; bei Hesiod ist es die Arbeit, bei Horaz die Krankheit. Für einen Anteil am göttlichen Funken muss der Mensch teuer bezahlen.

Was dieser göttliche Funke aber ist, und was sein Übertrag auf die Menschen, rechtens oder nicht,[20] bedeutet, muss im Zusammenhang des Menschen diskutiert werden.

3.2. Natus homo est

Die Frage nach dem Feuer führt unmittelbar auf die Frage nach der Natur des Menschen. Ob der Mensch das Feuer benötigt und welche Bedeutung der Feuerraub im Mythos hat, kann nur im Lichte des Menschenbildes beantwortet werden.

---

[19] Vgl. hierzu auch Blumenberg: Arbeit am Mythos, S. 336.
[20] Kafkas Prometheus wurde bestraft, „weil er die Götter an die Menschen verraten hatte" (Franz Kafka: Prometheus. In: Nachgelassene Schriften und Fragmente II, hrsg. von J. Schillemeit. Frankfurt/M. 2002, S. 69–70.Z. 2f.). Bezieht man dies auf den Feuerraub, wird die Tat verurteilt – nicht zuletzt, da Prometheus als Titan Teil der Götterwelt ist. Das Feuer ist hier also göttliches Geheimnis, das den Menschen nicht verraten werden soll.

Bei Aischylos ist dies ein pessimistisches, und mit Vers 30 ist im Grunde alles gesagt: βροτοῖσι τιμὰς ὤπασας πέρα δίκης. Vom Menschen ist nicht viel zu erwarten, Prometheus' Menschenfreundlichkeit ist sogar seine größte Schuld (τοιαῦτ' ἐπηύρου τοῦ φιλανθρώπου τρόπου, V. 28), mehr noch als der Feuerraub selbst. Dieser bezweckte, den Menschen Heil zu bringen (θνητοῖς γὰρ γέρα πορὼν, VV. 107f.), und in der Tat erwies sich das Feuer als Lehrer des Handwerks und nützlicher Helfer (διδάσκαλος τέχνης πάσης ... καὶ μέγας πόρος, VV. 110f.). Die Menschen sind jetzt selbst im Besitz des Feuers (πῦρ ἔχουσ' ἐφήμεροι, V. 253) und Prometheus zeigt sich, als Menschenfreund, optimistisch hinsichtlich ihrer Entwicklung: ἀφ' οὗ γε πολλὰς ἐκμαθήσονται τέχνας (V. 254). Jedoch, um an diesen Punkt zu kommen, musste den Menschen das Feuer zunächst gebracht werden. Dass sie das Feuer von Prometheus als Geschenk erhalten, heißt im Grund nur, dass sie selbst defizitär sind. Und nicht nur das Feuer hat ihnen gefehlt: In einer langen Rede (VV. 442 – 506) zählt Prometheus auf, was er den Menschen alles gebracht hat, das sie ohne seine Hilfe nicht erlangt hätten. Von menschlicher Eigenleistung ist keine Rede: Die Menschen sind Mangelwesen. Und das wäre ihnen wohl auch bewusst, hätte ihnen Prometheus nicht zusätzlich zum Feuer und allen weiteren Gaben noch die „blinde Hoffnung" (τυφλὰς ... ἐλπίδας, V. 250) eingegeben, die sie über ihr sinnloses Dasein trügt. Die Menschen können dank Prometheus nun zwar mehr schlecht als recht existieren, doch das ändert nichts an der Zwecklosigkeit ihres Lebens. Die Gabe des Feuers erscheint da fast nebensächlich, denn ohne Prometheus hätten die Menschen nicht gewusst, was sie damit anfangen sollen. Dass sie an diesem göttlichen Funken teilhaben, ist nur Zeichen für das Mitleid des Prometheus angesichts ihrer Unzulänglichkeit.

In Platons „Protagoras" sind die Götter selbst die Menschenerschaffer, ihr Material ist eine Mischung der Elemente (ἐκ γῆς καὶ πυρός, Plat. Prot. 320d). Trotz göttlicher Schöpfung ist der Mensch auch hier ein Mangelwesen. Der Feuerraub soll die Versäumnisse der Brüder Prometheus und Epimetheus ausgleichen: Diese hatten bei ihrer Aufgabe, die Tiere mit Eigenschaften und Fähigkeiten auszustatten, den Menschen leider übersehen (321b-c). Als Ersatz erhält er das Feuer. Anstatt dass der Mensch sich durch die Verwendung von Technik unter den Tieren besonders auszeichnet, ist es gerade Merkmal seiner Unterlegenheit, dass er der Technik bedarf, da es ihm an natürlichen Kräften mangelt. Zwar erhält der Mensch durch das Feuer als Einziger die Weisheit (κλέπτει ... ἔντεχνον σοφίαν, 321d), doch ist selbst das nur für die leibliche Unversehrtheit (ἐκ τούτου εὐπορία ... τοῦ βίου γίγνεται, 321e-322) ausreichend; eine entscheidende Fähigkeit fehlt ihm. Erst Zeus schenkt den Menschen die staatsbürgerliche Kunst, die es ihnen möglich macht, Gemeinschaften zu bilden und dauerhaft überleben zu können (322c). Das Feuer gleicht zwar einige Mängel des Menschen aus, den entscheidenden jedoch vermag es nicht zu kompensieren – diesen bringt erst ein Gott. Auch bei Hygin ist göttliche Hilfe gefragt: *Homines antea ab immortalibus ignem petebant, neque in perpetuum seruare sciebant* (Hyg. fab. CXLIV, VV. 1f.). Erst nachdem Prometheus ihnen das Feuer im Narthexstängel gebracht hat und *monstrauit quomodo cinere* (V. 2ff.), bleibt das Feuer in ihrem Besitz.

An den entscheidenden Stellen in der „Theogonie" und den „Werken und Tagen" spielen die Menschen bei Hesiod beinahe eine Statistenrolle; das zugrundeliegende Menschenbild lässt sich aber aus der Erzählung über die Zeitalter ableiten. Bevor der sterbliche Mensch an der Reihe war, hatte es bereits mehrere Schöpfungsversuche durch die Götter gegeben: Die ersten makellosen Menschen (Hes. erg. VV. 112f.) leben nun als δαίμονές fort (V. 122), die zweiten, bereits weniger perfekt, wurden wieder vernichtet, da sie weder den Göttern noch ihren Mitmenschen Respekt zollten (VV. 134ff.). Die Menschen des ehernen Zeitalters vernichten sich selbst (V. 152), es folgt das γένος ἡρώων (V. 159) und schließlich das fünfte Geschlecht, wir (V. 174). Der antiklimatische Aufbau zeigt deutlich, was von diesem letzten Menschen zu halten ist, und mit dem Ausruf des Erzählers wird der Mensch geradezu verdammt: Μηκέτ' ἔπειτ' ὤφελλον ἐγὼ πέμπτοισι μετεῖναι (V. 174). Die Jetzt-Menschen sind φθειρόμενοι (V. 178), streitsüchtig (ἕτερος δ' ἑτέρου πόλιν ἐξαλαπάξει, V. 189) und hinterlistig (ἐπὶ δ' ὅρκον ὀμεῖται, V. 194), und Hesiod kündigt düster an, dass der Mensch irgendwann alleine und hilflos auf der Erde zurückbleiben wird (VV. 200f.). Unter diesem Eindruck erscheint es beinahe unverständlich, wieso Prometheus den Menschen überhaupt helfen sollte; an ihnen ist nichts Gutes zu finden, die Technik setzen sie offensichtlich bloß dazu ein, sich gegenseitig zu bekriegen. Zu ihrer Verbesserung kann das Feuer also nicht beitragen.

Wieder ist es Lukian, der das Bild umkehrt. Prometheus hat die Menschen zwar geschaffen (Lukian. Prom. 1), was Hermes als einen Teil von Prometheus' dreifacher Schuld bezeichnet (3), doch muss selbst Hermes zugeben, dass die Menschen πανουργότατα ζῷα (ebd.) sind. Prometheus merkt außerdem an, dass sich die Menschen im Falle des Opferbetruges viel verständiger als Zeus aufführen würden, wären sie an seiner Stelle (καίτοι πόσῳ οἱ ἄνθροποι εὐγνομονέστερον διάκεινται πρὸς τὰ τοιαῦτα, 10): Sie würden verzeihen (ebd.). Die Menschen besitzen (im übertragenen Wortsinne) Menschlichkeit; etwas, das den Göttern fehlt. Hier erhebt sich der Mensch über die Götter.

Während Hermes die Menschenschaffung als unnötig bezeichnet (οὐδὲν δέον, 6), sieht Prometheus in seinem Werk viele Vorteile: Die Menschen machen die Erde zu einem besseren Ort (11). Sie bauen Tempel für die Götter (12) und verehren Zeus (14), schaffen

10

kunstvolle Säulen (12) und „zähmen" die wilden Wälder, von denen die Erde einst bedeckt war (ebd.). Die Menschschaffung muss also in (ästhetischen) Interesse der Götter liegen. Das Wesen, das Prometheus geschaffen hat, ist nicht nur irgendein Tier, sondern ähnelt den Göttern an Gestalt (ebd.). Die Götter können sich mit den Menschen vergleichen und erfahren aufgrund ihrer eigenen Vorzüge ein Überlegenheitsgefühl (εὐδαιμονέστερον ἀποφάινειν αὐτό, ebd.): οὕτω γὰρ δὴ καὶ τὸ μέγα δόξειν ἂν μέγα, εἰ τῷ μικρῷ παραμετροῖτο (15). Der göttliche Vorzug besteht wohl hauptsächlich in der Unsterblichkeit, denn ansonsten ist der Mensch sehr gut ausgestattet (εὐμηχανώτατον ... καὶ συνετώτατον καὶ τοῦ βελτίονος αἰσθανομενον, 12). Von einem Mangelwesen kann hier wahrlich keine Rede sein, und dank Athenes Hilfe bei der Schaffung des Menschen aus Lehm (13) steckt, wenn nicht göttliche Legitimation, so doch zumindest ein göttlicher Anteil im Wesen des Menschen.

Die Götter, resümiert Prometheus, können mit den Menschen zufrieden sein, nicht nur verehren sie die Götter (14) und bewundern die Erde (15), sie geben den Göttern auch Abwechslung (16) – nicht zuletzt in Form göttlicher Seitensprünge (καὶ οὐ διαλείπετε κατιόντες ... καὶ θεοὺς ἐξ αὐτῶν ποιεῖσθαι ἀξιοῦτε, 17). Was den Einwand betrifft, dass es unter den Menschen Verbrechen aller Art gebe und sie sich gegenseitig bekriegten (16), dies sei, so Prometheus, unter den Göttern, wenn nicht stärker, so zumindest ebenso stark ausgeprägt (ebd.).

In diesem Lichte ist das Feuer quasi Substitution. Der Mensch ist den Göttern sehr ähnlich, aber doch nicht ganz gleich, und der geringe Mangel soll mit dem Feuer ausgeglichen werden. Die Menschen sind des Feuers durchaus δεομένοι (18), aber in einem anderen Sinne als bei Aischylos oder Hygin. Der Mensch bei Lukian stellt bereits etwas dar, er hat Verstand und Gefühl und weiß die Erde zu bewohnen – in manchen Situationen scheint er sogar vernünftiger zu handeln als die Götter (s. o.). Das Feuer hat er so gesehen sogar verdient, während die Götter es nicht verdient haben: Sie haben ja, abgesehen von Hephaistos, nicht einmal eine Verwendung dafür. Der arbeitende, strebende Mensch wird hier mit dem Feuer gewissermaßen ausgezeichnet und steht den sich langweilenden Göttern (17) gegenüber.

Kulturhistorisch betrachtet ist das Feuer eng mit der Menschwerdung verwoben, wie verhält es sich nun im Mythos? Festzustellen ist, dass die Bedeutung des Feuers mit dem Zustand des Menschen steht und fällt: In den Fassungen des Mythos, in denen der Mensch ein defizitäres Lebewesen ist, kann das Feuer zwar etwas zur Besserung beitragen; sein Besitz zeigt allerdings noch deutlicher den menschlichen Mangel. Wird der Mensch umgekehrt aber als Wesen mit Potenzial und Fähigkeiten dargestellt, ist das Feuer eine Auszeichnung und bringt ihn den Göttern noch näher. Stets jedoch kommt das Feuer erst sekundär hinzu; die gegebenen

Eigenschaften des Menschen entscheiden darüber, wie viel er mit der göttlichen Technik anfangen kann. Welche Technik das eigentlich ist, soll nun untersucht werden.

3.3. Funke der Kultur

Feuer, das wurde aus den kulturgeschichtlichen Vorüberlegungen weiter oben deutlich, ist mehr als nur Feuer. Es schwingt immer eine anthropologische (und, wie aus der obigen Analyse deutlich wurde, eine theologische) Implikation mit, und gerade beim Feuer ist die Verknüpfung zur kulturellen Revolution offensichtlich. Inwieweit berührt der Mythos tatsächlich diese Schwelle?[21]

Zunächst scheint es erforderlich, der Frage nachzugehen, was Prometheus eigentlich stiehlt, wenn vom „Feuerraub" die Rede ist. Feuer als immaterielle Größe kann nicht im Sinne eines Gegenstandes „als Ganzes" entwendet werden, wie schon Lukian ironisch anmerkte (s. o.). sondern höchstens als Anteil. Aber geht es überhaupt um eine gestohlene Flamme?

Was in Senecas „Medea" so beiläufig erwähnt wird, *ignis ... quem dedit et docuit condere vires arte, Prometheus* (VV. 820ff.), muss zusammen gedacht werden: Das Feuer zu geben alleine reicht nicht, denn ohne weiteres Zutun wird es ausgehen. Da der Mythos von einem dauerhaften Feuerbesitz spricht, muss Prometheus den Menschen die *Technik* des Feuer- machens gebracht haben: τήν ... ἔμπυρον τέχνην (Plat. Prot. 321e). Dies erklärt auch, warum Zeus die Tat nicht rückgängig machen kann: Wissen ist irreversibel,[22] einmal Gelerntes kann dem Menschen nicht mehr genommen werden. Das Feuer ist kein gegenständliches Geschenk des Prometheus, sondern ein erlerntes Handwerk, das den Menschen stärkt: „Wenn man weiß, wie Feuer gemacht wird, ist man gegen Götterzorn resistent geworden."[23] Der Feuerraub dient der Emanzipation des Menschen – und entfernt ihn gleichzeitig von den Göttern.[24] Im Folgenden verwenden die Menschen das göttliche Feuer für das Opferritual, das durch Prometheus' Opferbetrug ein symbolisches[25] geworden ist: Kein Fleisch mehr, sondern nur Knochen und Fett erhalten die Götter. Das macht das Opfer wieder „erfüllbar",[26] aber von einem gemeinsamen Mahl mit den Göttern kann keine Rede mehr sein – das Ende einer Epoche, findet Blumenberg.[27]

---

[21] Vgl. das Blumenberg-Zitat weiter oben.
[22] Vgl. Blumenberg: Arbeit am Mythos, S. 331.
[23] Ebd.
[24] Böhme & Böhme sprechen von einer Ent-Göttlichung, vgl. Böhme & Böhme: Feuer, Wasser, Erde, Luft, S. 89.
[25] Blumenberg nennt es Substitution, vgl. Blumenberg: Arbeit am Mythos, s. 335.
[26] Ebd., S. 336.
[27] Ebd.

Sowieso ist das Feuer der Menschen ein anderes als das der Götter. Zwar stiehlt Prometheus einen Teil des *göttlichen* Feuers, jedoch muss hier beachtet werden, mit welchem Werkzeug er den Raub begeht: Der Narthexstängel (gr. νάρθηξ, lat. *narthecium* oder *ferula communis*) ist Kulturgut des Menschen und wurde in der Antike als Aufbewahrungsort für das Feuer genutzt.[28] Wenn Prometheus dieses Werkzeug benutzt, so ist das Feuer, das er den Menschen damit bringt, bereits ein kultiviertes, an die Menschen angepasstes: ναρθηκοπλήρωτον (Aischyl. Prom. V. 109) – Prometheus fungiert hier als Vermittler zwischen den Welten. Selbst weder ganz Gott noch ganz Mensch, „übersetzt" er das Feuer der Götter für die Menschen.

Was bringt nun besagtes Feuer den Menschen? Bei Aischylos ist es διδάσκαλος τέχνης πάσης ... καὶ μέγας πόρος (VV. 110f.); ein handelndes Subjekt also.[29] Das Feuer wird dargestellt als eigenständig wirkende kulturelle Kraft. Es lehrt die Menschen das Handwerk, indem es Voraussetzung für Schmiedekunst und verwandte Techniken schafft. Diese Errungenschaften stellen im Leben der Menschen eine große Erleichterung dar und verleihen in der Tat Macht, z. B. indem Waffen hergestellt werden können. Die Signale der Flamme stehen im Zusammenhang mit Opferritualen und der Tierschau: Das Feuer weist in die Zukunft, es ist quasi die elementare Verkörperung des Prometheus, des Vorausschauenden. So ist das Feuer untrennbar mit dem Kommenden verbunden – wie auch weiterhin mit den Göttern, von denen es die Menschen erlangt haben.

Ähnlich bei Lukian. Die Verknüpfung von Feuer und Handwerk ist eindeutig, als Hephaistos seine kalte Esse beklagt (Lukian. Prom. 5). Weitere Implikationen des Feuerbesitzes nennt Prometheus selbst: Der Mensch kann sich damit wärmen, Nahrungsmittel zubereiten und Licht machen (18); abgesehen vom Handwerk die drei wichtigsten Kulturtechniken, die vom Feuer ausgehen. Auch hier wird ein Bezug zu den Göttern hergestellt: ohne Feuer kein Opferritual (19).

Die Bedeutung des Feuers wird in späteren Adaptionen noch stärker wahrgenommen: Das Vieh, sagt Laktanz, habe deshalb keinen Einblick in den Himmel und keine Religion, *quoniam ab his usus ignis alienus est* (Lact. inst. II 9,27). Wieder ist das Feuer der „heiße Draht" zum Göttlichen; die Technik, die erlaubt, dass die Menschen höhere Einsichten gewinnen. Diesen Gedanken der Einsicht hat auch schon Platon. Im „Protagoras" hieß es: ἀμήχανον γὰρ ἦν ἄνευ πυρὸς αὐτὴν κτηνήν τῳ ἦ χρησίμην γενέσθαι (321d). Mit dem

---

[28] Vgl. Eckhart, L.: RE 45 (1957), S. 653-730, s. v. Prometheus, hier S. 662. Der Mythos macht Prometheus dadurch sogar zum Erfinder dieser Technik.

[29] In der Wielandschen Übersetzung ist dieser Eindruck noch verstärkt, vgl. die Übertragung von V. 498.: *Was der Flamme Blick anzeigt* für φλογωπὰ σήματα (Lukian, Werke in drei Bänden, übers. v. C. M. Wieland, erster Band, Berlin und Weimar 1981, ad. loc.).

Feuererwerb erhält der Mensch die περὶ τὸν βίον σοφίαν (ebd.). Das Mangelwesen Mensch benötigt den größeren Verstand als Ausgleich, die gut ausgestatteten Tiere kommen ohne ihn zurecht.

Wichtig ist bei Platon auch, was das Feuer *nicht* bringt: die staatsbürgerliche Kunst. Intellekt ist keine hinreichende Bedingung für ein ζῷον πολιτικόν; Klugheit bedingt nicht einen *sensus communis*. Im Gegensatz zur unserer kulturgeschichtlichen Entwicklung, bei der das Feuer zur Sesshaftwerdung und Gemeinschaftsbildung beitrug, ist es in Platons Fassung des Mythos kein Faktor für eine funktionierende Gesellschaft.

Das Feuer ist also höchstens in Teilen ein Kulturbringer. Zwar sind der Erwerb hand-werklicher Fertigkeiten und davon abhängiger Errungenschaften wie Waffen und Nahrungs-zubereitung auch im Mythos mit dem Feuer verknüpft, der Mensch bleibt jedoch entweder weiterhin defizitär (Aischylos) oder ihm fehlen zum Fortbestehen noch entscheidende Fähigkeiten, die ihm das Feuer nicht geben kann (Platon). Das Feuer kann somit wohl, um in der Feuer-Metaphorik zu bleiben, am treffendsten als *Funke* der Kultur bezeichnet werden. Der Funke muss auf das entsprechende Material treffen, um zu entflammen. Wie gut das Feuer später brennt, ist vom Zustand des Menschen abhängig. Das meint auch Hygin (s. o.): Erst als Prometheus den Menschen mit der Technik vertraut gemacht hat, ist es ihm möglich, das Feuer zu bewahren. Davor ist der Funke wieder erloschen.

3.3. Nähe und Distanz

Wie wir gesehen haben, ist das Feuer nicht nur Funke der Kultur, sondern auch Funke des Göttlichen, da es den Göttern geraubt und den Menschen gebracht wird. Dass Götter und Menschen schließlich gemeinsam Anteil am Feuer haben, schafft eine Verbindung zwischen den beiden Welten: Es zeigt ihre Nähe, aber gleichzeitig auch ihre Distanz.

Wenn Lukians Prometheus argumentiert, man müsse den Menschen das Feuer bringen, damit sie den Göttern opfern können, ist dies zwar ironisch-satirisch gedacht, es steckt jedoch Wahrheit dahinter. Feuerbesitz ist Voraussetzung für das Brandopfer, das die Kommunikation zwischen Menschen und Göttern herstellt. Vor Prometheus' Opferbetrug ist diese für Blumenberg sogar so etwas wie ein gemeinsames Speisen von Göttern und Menschen.[30] Beide Parteien teilen sich das Mahl; erst durch den Opferbetrug und die folgende Veränderung im Ritual wird daraus etwas Symbolisches. So oder so, das Feuer schafft den Austausch von menschlichem Flehen und göttlichem Wohlwollen (oder eben Zorn), indem es als Medium fungiert. Es steht, linguistisch gesprochen, in einem semiotischen Dreieck mit

---

[30] Blumenberg: Arbeit am Mythos, S. 336.

den beiden Kommunikationspartnern Mensch und Gott. Es ist das verbindende Element, dessen Sprache beide Seiten verstehen: Der Mensch äußert seine Wünsche über die Verbrennung von Opfertieren, der Gott seine Stimmung über Blitzschläge und Vulkanausbrüche.[31] Über kein anderes Element und keine andere Sprache vermögen Götter und Menschen in dieser Gegenseitigkeit zu kommunizieren.

Allerdings kann diese Kommunikation nicht darüber hinwegtäuschen, dass das Feuer nichts genuin Menschliches ist, und sein Erwerb auch dazu führt, dass Götter und Menschen noch weiter voneinander getrennt sind. Mit Nietzsche gesprochen: „Das Beste und Höchste, dessen die Menschheit theilhaftig werden kann, erringt sie durch einen Frevel und muss nun wieder seine Folgen dahinnehmen."[32] Im Feuerraub offenbart sich das ganze Defizit des Menschen und damit die Distanz zu den Göttern. Die Tatsache, dass zur Erlangung des Feuers ein Raub nötig ist, mag zwar auch zeigen, dass die Götter Angst haben, den Menschen zu viel zu zuzugestehen, es zeigt aber vor allem, dass die Menschen auf Hilfe von außen angewiesen sind, um ein wenig aus ihrer Nichtswürdigkeit aufzusteigen. Ohne Prometheus wären sie dazu nicht in der Lage. Nietzsche schreibt dieses pessimistische Menschenbild im Mythos der frühen Naivität zu: „Dass aber der Mensch frei über das Feuer waltet und es nicht nur durch ein Geschenk vom Himmel, als zündenden Blitzstrahl oder wärmenden Sonnenbrand empfängt, erschien jenen beschaulichen Ur-Menschen als ein Frevel, als ein Raub an der göttlichen Natur."[33] Feuer war also ein göttliches *monstrum* und dessen Gebrauch durch den Menschen wie eine Einmischung in fremde Kompetenzen. So betont der Mythos, dass das Feuer durch einen Raub auf uns gekommen ist – und zwar nicht durch menschlichen Raub, sondern durch titanischen. Das nimmt gleichzeitig die Schuld von den Menschen.

Dass sie das Feuer nicht ohne Gegenleistung erhalten, betont Hesiod in den „Tagen und Werken": Feuererwerb geht einher mit dem Beginn der Arbeit,[34] statt bloßer Erleichterung kommen auch neue Mühen mit der göttlichen Gabe. Hier zeigt sich erneut der oben erwähnte Gedanke von Horaz, es gebe Elemente, die dem Menschen nicht zustehen. Der Erwerb dieser verbotenen Elemente muss aufgewogen werden, sowohl durch die Strafe am Räuber (Prometheus' Festkettung im Kaukasus) als auch durch die Strafe am Empfänger (Pandoras Büchse). Auch wenn die Hauptschuld des Raubes auf Prometheus' Konto geht, besteht eine nicht geringere Schuld im Besitz des geraubten Gutes. Göttliche Strafe für menschliche Taten,

---

[31] Zumindest Zeus. Andere Götter verwenden andere Elemente, etwa Poseidon, aber Zeus' Macht als die höchste der göttlichen Mächte ist mit dem Feuer verknüpft.
[32] F. Nietzsche: Die Geburt der Tragödie, S. 42.
[33] Ebd., S. 41.
[34] Vgl. Eckhart, L.: RE 45 (1957), S. 653-730, s. v. Prometheus, hier S. 663 und Blumenberg: Arbeit am Mythos, S. 336.

das schafft Distanz, und diese wird noch vergrößert durch das folgende Leiden der Menschen, das die Götter niemals selbst erfahren werden.

Die Distanz kann jedoch in anderen Bereichen auch als positiv verstanden werden: Wie bereits oben zitiert, sieht Blumenberg den Erwerb der Feuertechnik auch als Mittel gegen Götterzorn. Versteht man die ursprüngliche Nähe von Göttern und Menschen als eine Abhängigkeit im Sinne von Schöpfer und Schöpfung, von Gericht und Gerichtetem, so ist die Kenntnis des Feuermachens ein wichtiger Schritt in Richtung der Unabhängigkeit. Das Feuer kann den Menschen nur genommen werden, wenn sie nicht in der Lage sind, es selbst zu entfachen. Können sie es, verliert der Feuerentzug als göttliche Strafe seine Wirkung. Möglicherweise ist den Göttern das Feuer deshalb so kostbar, weil es ein Alleinstellungsmerkmal ist. Es zu verlieren, bedeutet, Vorteil vor und Macht über den Menschen zu verlieren.

Mit dem Übergang des Feuers an die Menschen beginnt eine neue Epoche: „Das Prometheus-Mythologem ist die Reindarstellung der archaischen Gewaltenteilung."[35] Prometheus ist jetzt der Gott, der für die Menschen einsteht. Da sie ihm ihre Kultur zu verdanken haben, sind sie ihm mehr und den olympischen Göttern weniger zugewandt. Alles läuft auf einen Machtverlust des Zeus' hinaus, mag er auch Prometheus noch so konsequent für sein Handeln bestrafen. Das Erstarken des Menschen geht mit einer Schwächung des Göttlichen einher. Das Feuer ist dafür sowohl der Grund als auch das Symbol.

---

[35] Blumenberg: Arbeit am Mythos, S. 331.

4. Fazit: Götter – Feuer – Menschen

Der Feuererwerb war aus kultureller Sicht für den Menschen und seine Entwicklung unentbehrlich. Was macht nun der Mythos aus diesem Moment des Übergangs? Und was bedeutet es für den Menschen? Für Blumenberg ist die Promethie „mehr als [die] bloße Geschichte der Durchsetzung des Existenzrechts der Menschen. Prometheus erzwingt die Aufwertung des verächtlichen Eintagsgeschlechts zu einer Weltgröße."[36] Die Aufwertung einer Gruppe muss mit der Abwertung einer anderen einhergehen: Ein Teil der göttlichen Macht geht an die Menschen über.

Es liegt nahe, im Mythos das Feuer zum Symbol der (unfreiwilligen) Machtübertragung zu erheben: Die kulturgeschichtlichen Vorüberlegungen zu Beginn der Arbeit haben gezeigt, welch großen Einfluss die Entdeckung der Feuertechnik auf die menschliche Entwicklung hatte – und welchem Zufall wir es verdanken, sie erlangt zu haben. Aus dem historischen Zufall macht der Mythos eine göttliche Ätiologie: Der genuin göttliche Funke wird für die Menschen geraubt und verändert das Verhältnis von Göttern und Menschen. Der Mensch emanzipiert sich, das reduzierte Opferritual ist dafür ein Symptom.

Emanzipation hatte der Mensch auch bitter nötig, zumindest Aischylos und Hesiod zufolge: Beide zeichnen ein düsteres Bild des Menschengeschlechts und sehen das Feuer zwar als Aufwertung, aber nicht als völligen Ausgleich aller menschlichen Mängel. Lukian dagegen hält mehr vom Menschen und lässt das Feuer wie eine zusätzliche Auszeichnung erscheinen, auf die wir ein Anrecht haben sollten.

Die Frage nach der Rechtmäßigkeit des Feuerbesitzes steht auch unabhängig vom Menschenbild im Raum. Da Prometheus der Räuber ist (und kein Mensch), wird die Schuld zwar etwas vermindert (nicht jedoch die Strafe), dennoch betont etwa Horaz, der Mensch habe auf manche Elemente kein Anrecht. Die Tatsache, dass der Feuerbesitz auf einen Raub zurückzuführen ist, lastet schwer auf dem Menschen. Unter diesem Eindruck muss auch der Machtübergang verstanden werden: Der Mensch hat das Feuer erst sekundär erworben, noch dazu illegitim. Auch wenn er damit den Göttern etwas nimmt und sich selbst aufwertet, kann er sich nicht zum Göttlichen erheben – das zeigt sich schon darin, dass er für den Erwerb bestraft wurde.

So sehr das Feuer im Mythos etwas genuin Göttliches ist, verweist es uns doch immer wieder auf den Menschen und seinen Zustand. Alle Dichtung beschäftigt sich zuletzt auch mit der *conditio humana*, und im Zusammenhang des Prometheus-Mythos scheint die Aussage zu

---

[36] Ebd., S. 340.

17

sein: Der Mensch wird erst durch das Feuer zum Menschen.[37] Sein Wesen kann nicht von den Göttern getrennt gedacht werden. Nicht nur ist er entweder ihre Schöpfung (etwa bei Hesiod) oder wurde zumindest nach ihrem Bilde erschaffen (etwa bei Lukian), sondern seine gesamte Entwicklung fußt auf dem „göttlichen Funken". Der Prometheus-Mythos mag zwar gemeinhin als Paradebeispiel des Widerstands gegen göttliche Willkür gelten; dahinter steckt jedoch die Erkenntnis, dass der Mensch nichts wäre ohne die Götter.[38] Jede Benutzung des Feuers erinnert ihn an deren Macht. Oder wird dem Feuer damit zu viel aufgeladen? Nietzsche stellt fest: „Die Voraussetzung jenes Prometheusmythus ist der überschwängliche Werth, den eine naive Menschheit dem Feuer beilegt als dem wahren Palladium jeder aufsteigenden Cultur."

Dem würde sich Lukian vielleicht anschließen. Es passt zur Satire, dass er die Götter als bedürftig inszeniert, nämlich als der Abwechslung und Anbetung durch die Menschen bedürftig. Dass die Menschen das Feuer nicht selbst erlangt haben, wiegt hier nicht schwer, da sie auch ohne göttlichen Funken bereits verständige, fähige Wesen sind. Lukian gibt dem Menschen, was er sich wünscht: eine emanzipierte Existenz. Wenn schon die Götter in das menschliche Leben eingreifen, so soll die Abhängigkeit wenigstens gegenseitig sein. Das hat der Feuerraub hier erreicht.

Der Prometheus-Mythos befasst sich also in der Tat mit einer wichtigen Schwelle – eine (je nach Fassung eingeschränkte) Emanzipation des Menschen von den Göttern. Der Feuererwerb ist Symbol und Symptom dieses Übergangs.

---

[37] Mit Blumenberg gesprochen: „Da ist es Prometheus, der allererst die Menschen zu Menschen macht." (ebd., S. 338).
[38] Oder sogar *nicht* wäre.

18

5. Literaturverzeichnis

5.1. Textausgaben

Aischylos: Tragödien griechisch-deutsch, hrsg. v. B. Zimmermann, übers. v. O. Werner, Zürich/Düsseldorf 1996 (Sammlung Tusculum).

Franz Kafka: Prometheus. In: Nachgelassene Schriften und Fragmente II, hrsg. von J. Schillemeit. Frankfurt/M. 2002, S. 69–70.

Hesiod, Theogonie, Werke und Tage, hrsg. und übers. v. A. v. Schirnding, Berlin 2012.

Horace: Odes and Epodes, ed. J. Henderson, Cambridge/London 2004.

Hygini Fabulae, ed. Peter K. Marshall, Stuttgart 1993.

L. Annaei Senecae Tragoediae, ed. O. Zwierlein, Oxford 1986.

Lactantius: Divinarum Institutionum libri septem, fasc. 1: libri I et II, ed. E. Heck et A. Wlosok, München und Leipzig 2005.

Luciani Opera, ed. M. D. MacLeod, Tomus I, Oxford 1972.

Lukian: Werke in drei Bänden, übers. v. C. M. Wieland, erster Band, Berlin und Weimar 1981.

P. Ovidi Nasonis Metamorphoses, ed. R. J. Tarrant, Oxford 2004.

Platonis Opera, Tomus III, ed. I. Burnet, Oxford 1964.

Platon: Protagoras, übers. und erläutert v. O. Apelt, Hamburg 1956.

5.2. Sekundärliteratur

Beller, M.: The Fire of Prometheus and the Theme of Progress in Goethe, Nietzsche, Kafka, and Canetti, Colloquia Germanica 17, 1984, S. 1-13.

Blumenberg, H.: Arbeit am Mythos, Frankfurt/M. 1986, S. 327-411.

Böhme, G. & Böhme, H.: Feuer, Wasser, Erde, Luft. Eine Kulturgeschichte der Elemente, München 1996.

Burenhult, G.: Menschen der Urzeit. Die Frühgeschichte der Menschheit von den Anfängen bis zur Bronzezeit, Köln 2004.

Nietzsche, F.: Die Geburt der Tragödie oder Griechentum und Pessimismus, Berlin 2014, S. 39-42.

Woelke, B.: Geschenk des Himmels – Fluch der Götter. Kleine Kulturgeschichte des Feuers und die Sammlung Jürgen & Gudrun Abeler, Solingen 1994.